# 武陵江家

Ishavut 的遷徙之路

Isia dahviandaingaz tu luduncia, aiza saincia kamasikit tu asanag tupaun tu Mahalivan, maza Ishahavut at Takisvilian at Takiludun siduh tu bunun hai isaincin muskun mihumis, sain tu dangian hai utmuzan inaicia hinaiapun tu lainihaiban.

Isus tu halinga:
Maza isla Buklavu asang Ishahavut siduh tu malngangaus mailantangus hai tupaun tu Law.
ungat man'unuin hai tupaun tu Bavan( 江猛 ).
mailantauin tu madaingaz hai tupaun tu Lumav( 江八郎 ).

在遙遠的山谷中，有一個名為 Mahalivan (楠山) 的小部落。

江家 (武陵江家)、邱家與古家一起住在這裡，

這片土地充滿了他們的回憶與故事。

備註：
武陵江家，
是指台東縣延平鄉武陵部落的江氏家族，
其家族第一代長老名為 Law，
第二代長老名為 Bavan (江猛)，
第三代長老名為 Lumav (江八郎)。

隨著 Mahalivan 部落的家族們一個接一個地遷離，
江家的第一代長老 Law 搬到一個叫做 Kalkaz 的地方。
這裡是他們新生活的起點，山谷中傳來溪流的聲音，
彷彿在迎接他們的到來。

Cisuni tu inisia Mahalivan asang tu minihumis hai tasa tasa lumah hai taulushu mudan. at maza Ishahavut siduh mailantangus tu madaingaz Law an hai macinlushu taunasia tupaun tu Kalkaz tu dalahcia. saitan a kinitngaban naicia kabahlu mihumis tu dalah. isia masu ludun vahlas tu singav mais taazaun hai mani manaskal anpasdu naicia tu minsuma.

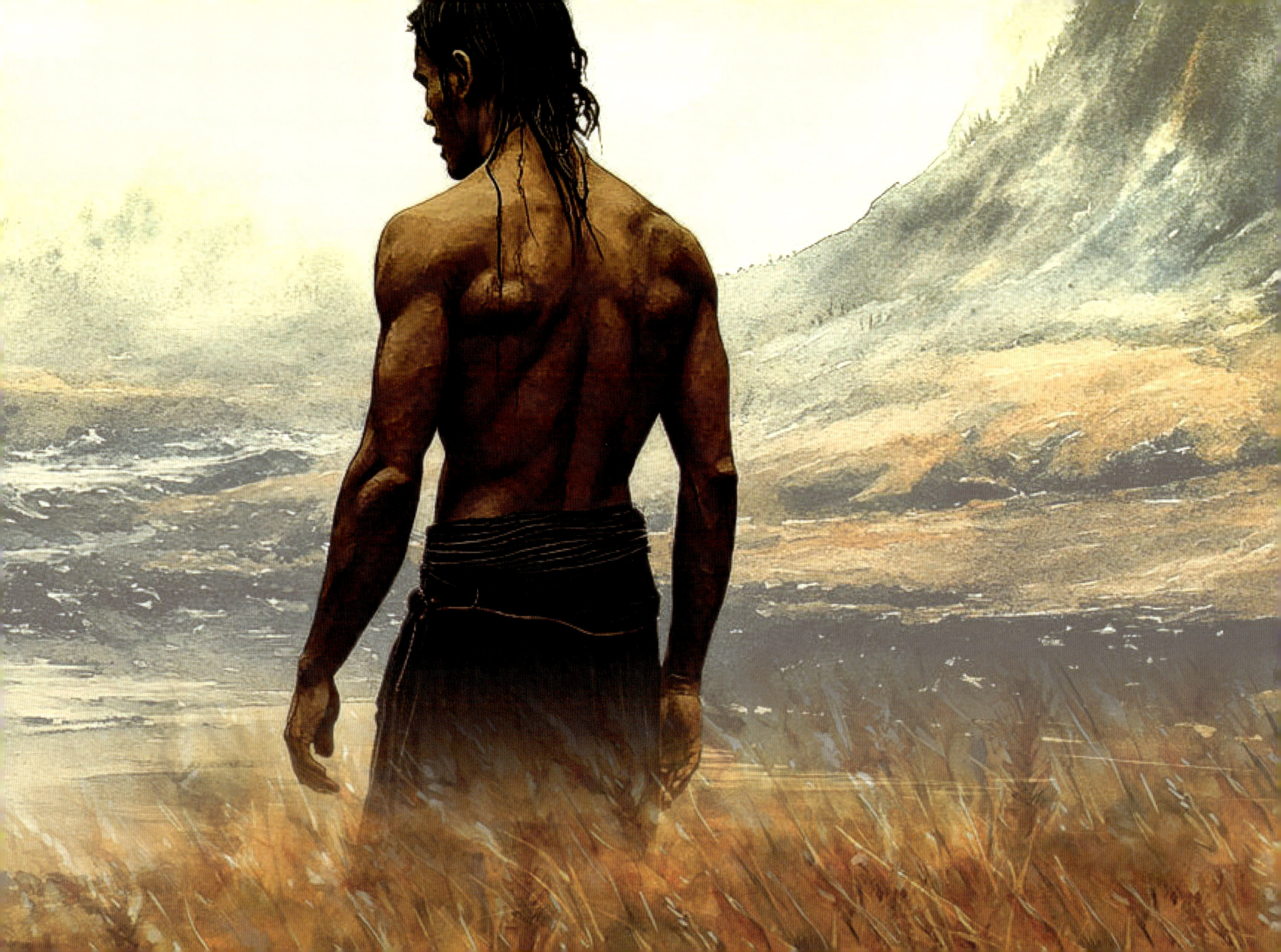

Ralkaz 這片土地不僅是江家的根源，也是他們生命的起點。

**Maza Kalkaz an tu dalah hai, nitu kaz itu Ishahavut siduh tu lamis,**

**mastan mahtu tupaun tu inaicia inihumisan tu kinitngaban.**

這個新部落由江家與余家組成，他們共同耕作，守護著這片土地。
江家的第二代長老 Bavan 的三個兒子就出生在 Kalkaz。

Sain tu bahlu tu asang hai siamas Ishahavut mas palalavi muskun isaincin mihumis, muskun naia kahuma at mapisial saipuk mas dangian tu dalah cia. Ishahavut maunu tu madaingaz itu Bavan ciatatau a uvaz hai isia amin Kalkaz tu asang cia tusuvazun.

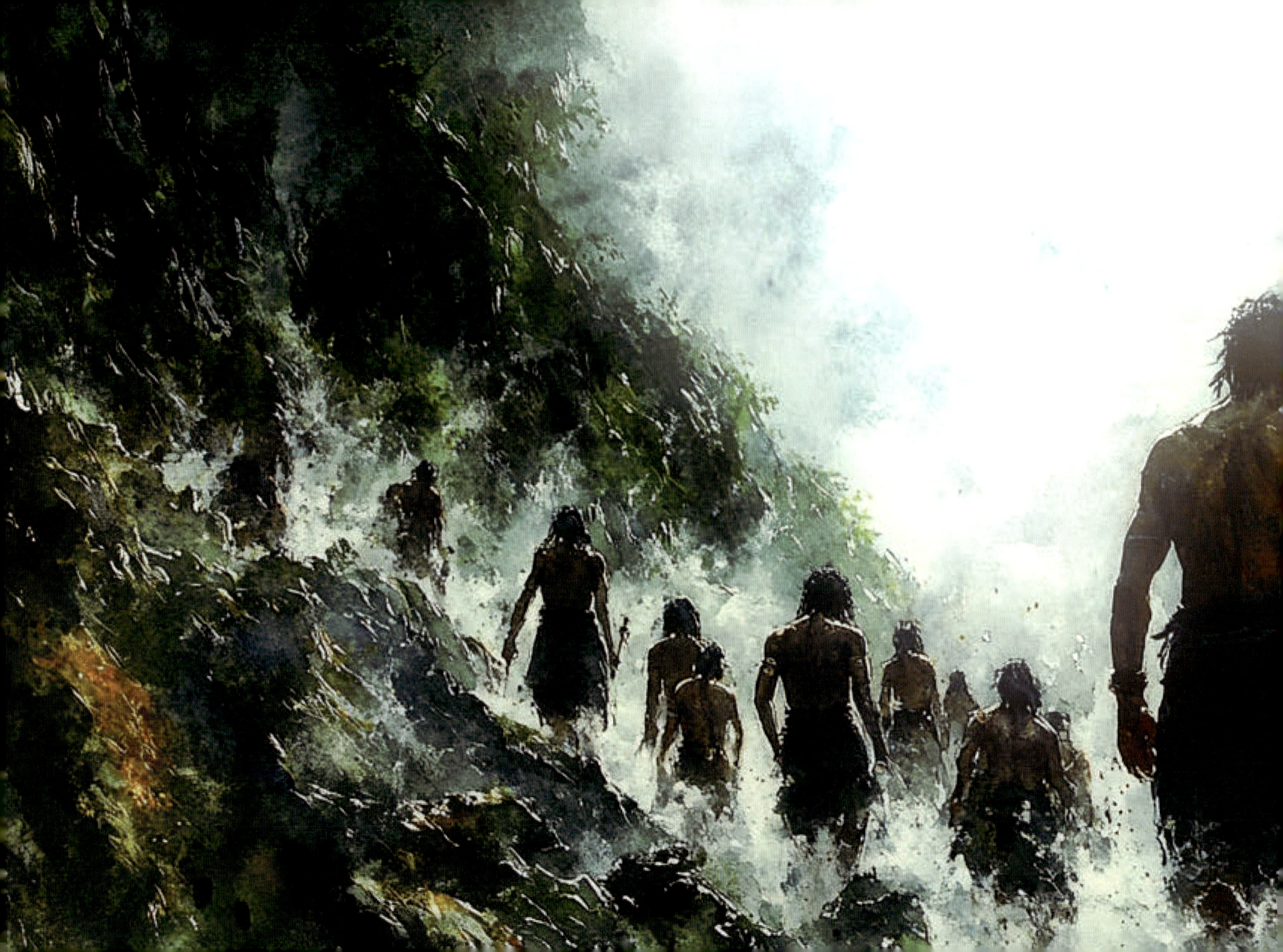

隨著時間的推移，Bavan 因為兄弟太多，
有 Sai、Anu、Lumav、Balan 等，
因為耕地不足，他決定帶著家人再次遷移。
他來到以山芙蓉樹命名的 Lasban。Lasba 是江家的新家園。

Mukuvaiv minvavaivia inihumisan, cisuni a Bavanan tu malalabas a tasan, aiza Sai, Lumav, Balan at aizang duma, kaumanin a mahtu unhumaun tu dalah, malkai maza Bavanan hai maadas isaicia tu tastulumah taulushu kusia sinpacinasia lukis lasban pacingan tu Lasban dalahcia, ungat minunin a Lasbanan itu Ishahavut siduh bahlu tu asang.

在 Lasban 住了兩年後,
Bavan 決定再次搬遷,這次他們來到了 Tamapavan。
這裡得名於一位祖先的名字,
是他們新的落腳點。

Isia Lasban cia mihumis tu punpusan painsanan at maza Bavanan hai miliskintu namuhna taulushu. kusia naia tupaun tuTamapavan cia. sain tu dangian hai paisnasia tacini mailantangus madaingaz tu ngan a ispacingan. minuni inaicia bahlu tu dangian.

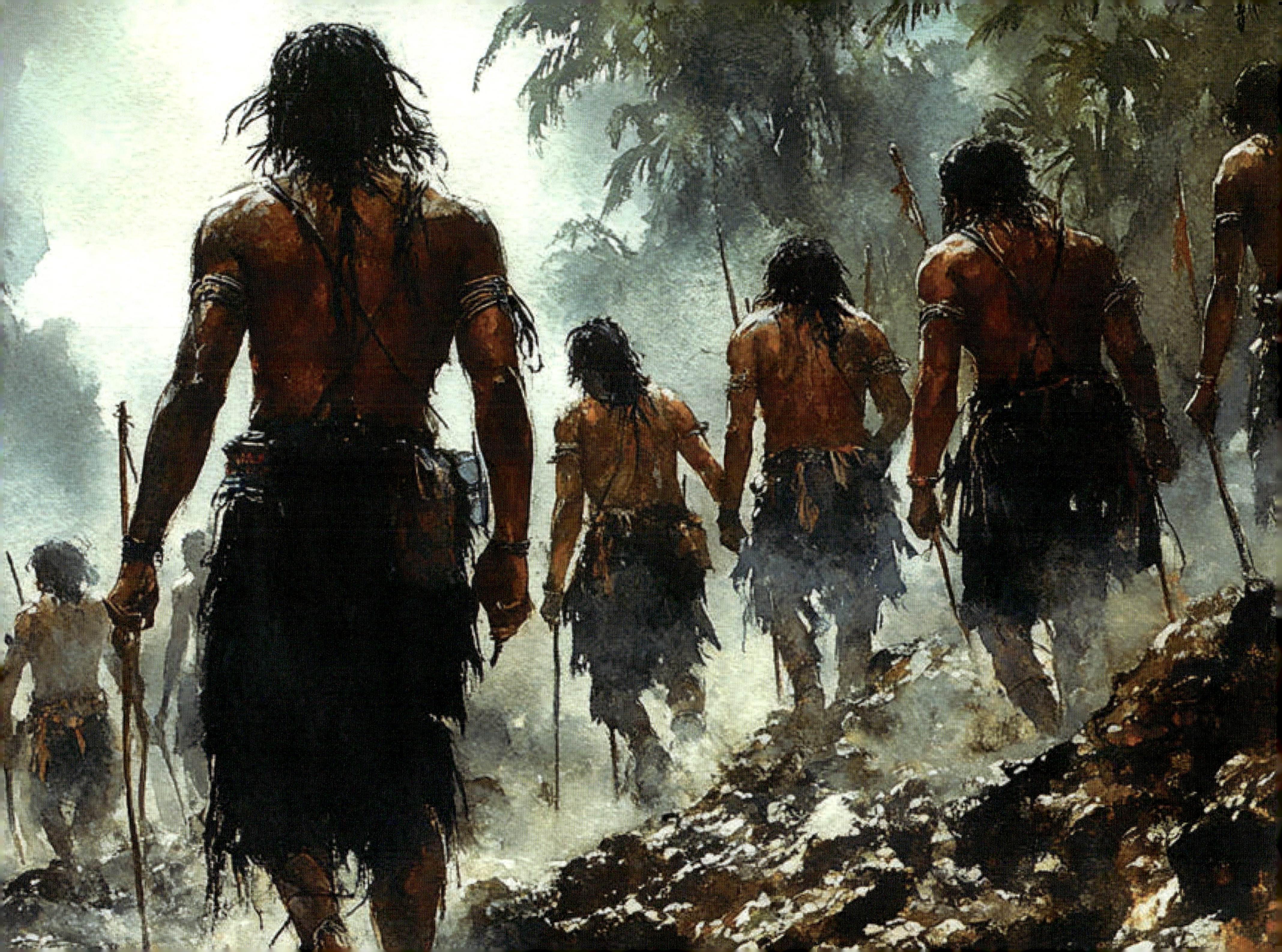

在這段艱辛的日子裡，江家四處遷徙。

當時，他們的生活主要依靠芋頭和地瓜度日，生存環境充滿了困難。

Tudip hai tutuza inaicia inihumisan tu mihdidaingaz, taulushulushu kikilim mas masial tu nadangian, aupa mihdi at naia hai kaz maun mas tai mas utan, nitu mahtu malisialsial mihumis.

Bavan 在小兒子 Lumav 九歲時便去世了。

此時，發生「大關山事情」，

日本警察強制布農族人驅趕下山，

江家也被迫下山。

當時，江家和其他江氏家族共 3 戶 28 人集中移住到 Buk-Zav

（現稱武陵，Bukavu）。

Maza itu Bavan cia masinauba tu uvaz tupaun tu Lumav, isia punsiva hamisan hai matazain. Tudip hai aiza isia Kinalaungan cia madaing tu singkuzakuza. Lipunnan hai kasuan a kata Bunun maisnasia ludun tu asang avunun maiaupa mabukzavan tan, maza Ishahavut siduh tu bunun hai avunun amin. Aiza Ishahavut siduh tau tu lumah, mapusan han vau a bunun uskunun mapunsia Bukzav (tupaun laupakadau tu Buklavu).

那些快速遷徙的家族佔據了更多的土地，成為了大地主。

而邱家、余家和江家因為抗拒日本人的統治，遷徙的速度較慢，因為他們希望保留在山上的生活，不願意屈從於外來的控制。

Maza macintangus taulushu kusaincia tu siduh hai, singaus sistan sizasupah tu dalah, cisuni tu maza Takisvilianan mas Palalavi at Ishahavut tu siduh matamasaz anbas mas Lipun tu sinsaipuk, paha makaisavanin taulushu, aupa asa naia maldauk isia daidangian tu luduncia mihumis, nitu asa saipukun maisna nata vcivi tu minihumis.

儘管經歷了無數的遷徙，江家依然堅韌地存續下來。

他們的遷徙之路展示了布農族在面對生活與外來壓力時的勇氣與不屈精神，這是他們留給後代的寶貴遺產。

江家的孩子們，一定要團結一致，彼此扶持，共同奮鬥。

Anatupa tu maukpiain taulushulushu. Ishahavut siduhan hai maldauk tu macintamasaz mihumis. Inaicia sintaulushulushu tu lainihaiban hai mapishaiap itu Bunun siduh minihumis tu, mais palungkadu mas itu vaivi siduh minihumis tu sinpiahdi hai, ukas taipisingan at nitu isvavaian, sain hai sinpala pisia mailalangna minihumiskadimanundaingaz tu taiklas.

Ishahavut siduh tu uvavazaz hai, asa tu mintasa isang, pasialak atpaindadangaz, musasutu kaskun mintamasaz.

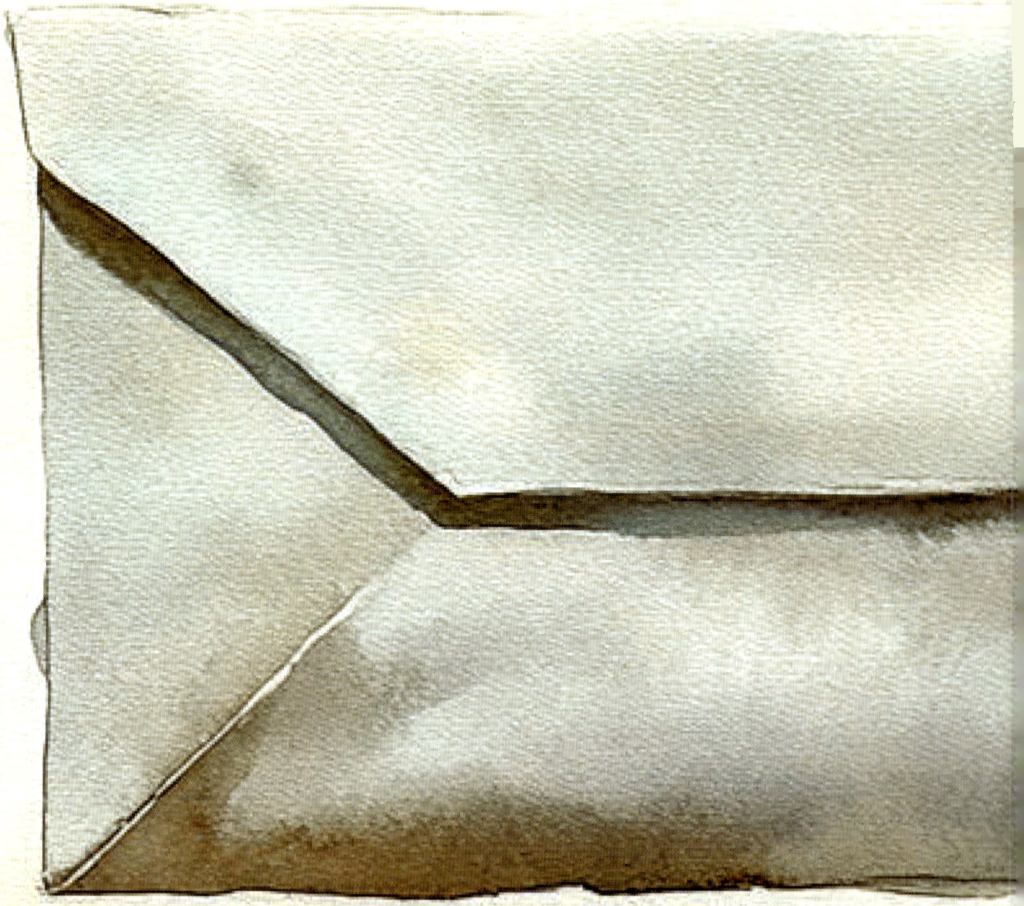

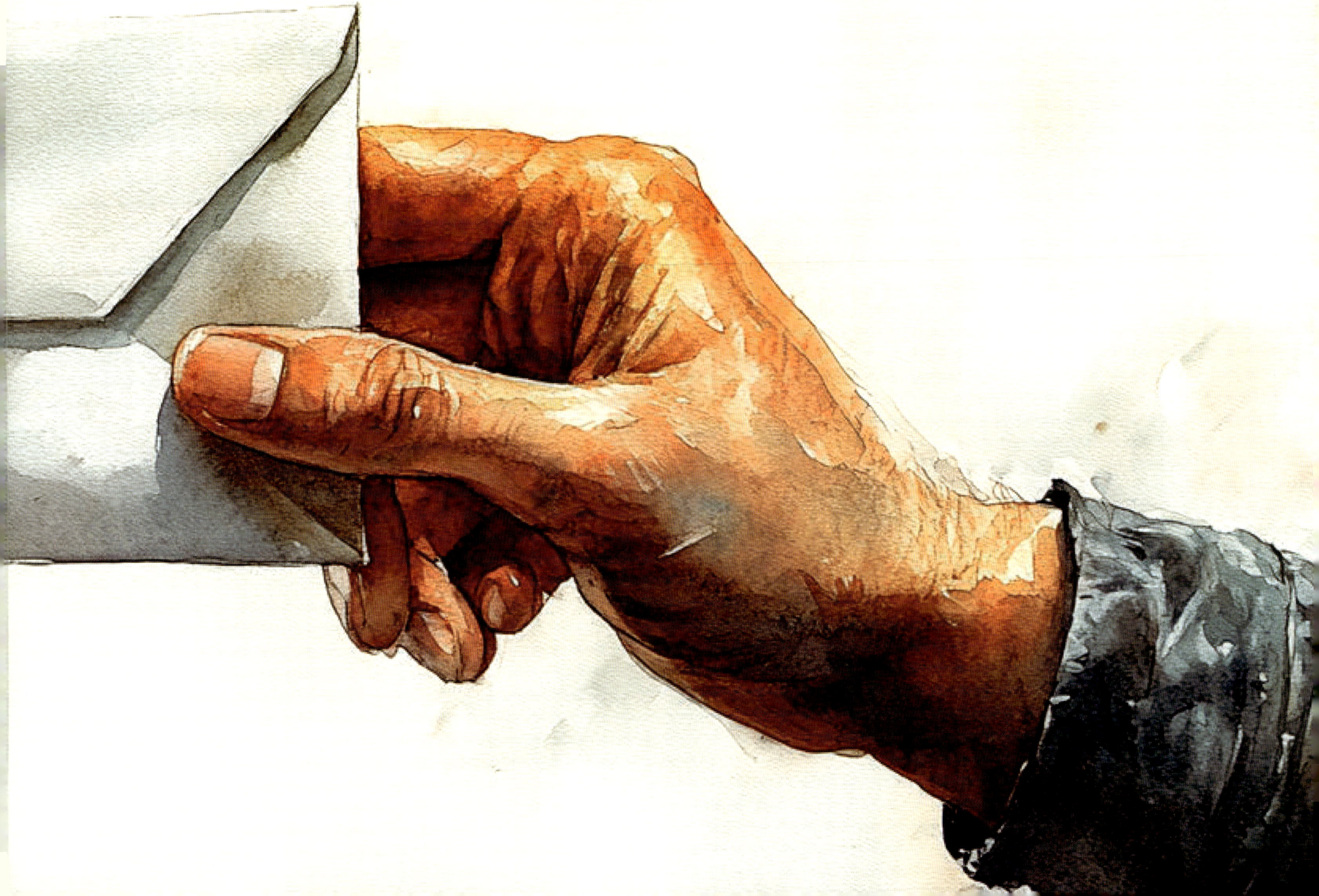

## 感謝與祝福

《武陵江家！Ishahavut 的遷徙之路》是台東縣延平鄉武陵部落江家的遷徙歷程。江家何其多，繪本中的武陵江家，指的是第一代長老 Law，第二代長老 Bavan，第三代長老 Lumav( 江八郎 ) 及其兄長 liang( 江正世 )、Sai( 江原正 )、三個胞妹為首的家族，這本繪本先是透過文獻查證，特別是江八郎長老在世時接受訪談的內容，他詳細道出每一個遷徙的地點，並將江家遷徙過程告訴下一代子孫。

而後，江家第四代江八郎長老之子江國軍先生，透過其妻陳秀蘭女士的訪問，證實了遷居 kalkaz 的經歷，他描述了小時候跟隨父親前往 kalkaz，早上五點出發，到達後就晚上了的故事。其敘說現在要去江家的老房子，已經找不到了，他知道那個地方，要上山但是沒有路。江原正的女兒胡芸綾接受其女洪雅琳的訪問，了解江家的遷徙歷程。

這本繪本的誕生離不開眾多人的支持與鼓勵。我要特別感謝文化部的補助，讓這本作品得以順利完成。感謝插畫家吳峰霆先生，他以精湛的筆觸完美呈現了布農族的文化特色和山林風貌，讓故事更加生動鮮活。感謝王武榮校長，總是不辭辛勞的協助翻譯。

最後，我要感謝所有在噴噴平臺上慷慨贊助的朋友，尤其是林子馨、Pei Hsin Cheng 兩位支持我的贊助人，感謝您們的持續支持，讓這個屬於布農族的故事能夠呈現給更多人。這本繪本的出版，是大家共同努力的成果，期盼它能在未來感動更多讀者，傳承布農族的故事與文化。